RÉPONSE

DU DUC DE RAGUSE,

A la Proclamation datée du Golfe de Jouan, le 1ᵉʳ Mars 1815.

Uɴᴇ accusation odieuse est portée contre moi à la face de l'Europe entière, et quel que soit le caractère de passion et d'invraisemblance qu'elle porte avec elle, mon honneur me force à y répondre. Ce n'est point une justification que je présente ici; je n'en ai pas besoin : c'est un exposé fidèle des faits, qui mettra chacun à même de connaître la conduite que j'ai tenue.

Je suis accusé d'avoir livré Paris aux Étrangers, lorsque la défense de cette ville a été l'objet de l'étonnement général. C'est avec des débris misérables que j'avais à combattre contre toutes les forces réunies des armées alliées ; c'est dans des positions prises à la hâte, où aucune défense n'avait été préparée, et avec 8,000 hommes, que j'ai résisté pendant huit heures à 45,000 hommes qui furent successivement engagés contre moi; et c'est un fait d'armes semblable, si honorable pour ceux qui y ont pris part, que l'on ose traiter de trahison !

Après l'affaire de Reims, l'Empereur Napoléon opérait avec presque toutes ses forces sur la Marne, et s'abandonnait a l'illusion que ses mouvements menaçant les communications de l'ennemi, celui-ci effectuerait sa retraite, lorsqu'au contraire l'ennemi avait résolu, après avoir opéré la jonction de l'armée de Silésie avec la grande armée, de marcher sur Paris. Mon faible corps d'armée, composé de 3,500 hommes d'infanterie et de 1,500 chevaux, et celui du duc de Trévise, fort d'environ 6 à 7,000 hommes, furent laissés sur l'Aisne, pour contenir l'armée de Silésie qui n'en était séparée que par cette rivière, et qui, depuis la jonction du corps de Bulow et de divers renforts, était forte de plus de 80,000 hommes.

L'armée ennemie passa l'Aisne, et nous força à nous repher. Mes instructions étant de couvrir Paris, nous nous retirâmes sur Fismes, et nous adoptâmes, le duc de Trévise et moi, un système d'opérations qui, sans nous compromettre, devait retarder la marche de l'ennemi : c'était de prendre successivement de fortes positions que l'ennemi ne pût attaquer sans les avoir reconnues ou sans avoir manœuvré pour les tourner, ce qui nous préparait aussi les moyens de battre quelques-uns des détachemens qu'il aurait faits. Des ordres vinrent de nous diriger à marches forcées sur Châlons. Nous les exécutâmes ; mais arrivés à Vertus, nous fûmes informés que la plus grande partie de l'armée ennemie occupait Châlons, tandis qu'une autre débouchait sur Épernay, et que le corps de Kleist, qui nous avait suivis, passait la Marne à Château-Thierry ; et apprenant en même temps que Napoléon était encore devant Vitry, et avait une arrière-garde à Sommepuis, nous marchâmes, sans perdre un moment, pour le rejoindre, et le 24 mars je pris position à Soudé. Je croyais encore l'armée française à portée, car qui eût pu croire, en effet, au passage de la Marne sans avoir un pont, et que l'Empereur Napoléon eût laissé entre Paris et lui des forces huit fois plus considérables que celles qu'il pouvait rassembler? Le 25 au matin, à peine avais-je acquis la certitude de ce mouvement, que toute l'armée ennemie déboucha sur moi. Je me retirai en canonnant l'ennemi, et toute la retraite se fût faite avec le même ordre, si quelques troupes, malheureusement restées à Bussy-l'Estrée et à Vatry, ne s'étaient trouvées ainsi en arrière de nous. Il fallut les attendre pendant une heure à Sommesous, et nous soutenir contre des forces colossales dont le nombre croissait toujours. Le passage des défilés nous fit éprouver quelques pertes, et nous terminâmes la journée en prenant position sur les hauteurs d'Allement, près de Sézanne. Je ne parle pas de la division du général Pacthod, qui, d'après des ordres directs de l'empereur, manœuvrait pour son compte, donna dans l'armée ennemie, et fut prise sans que j'eusse connaissauce de son existence.

Le lendemain, nous prîmes position de bonne heure au défilé de Tourneloup. L'ennemi arrivant, nous continuâmes notre retraite, et je fis l'arrière-garde. Arrivés le soir devant la Ferté-Gaucher, nous trouvâmes le corps de Kleist occupant cette ville, et à cheval sur la grande route de Coulommiers, tandis qu'un gros corps de cavalerie dépassait la gauche de l'armée ennemie. Notre position était critique, elle était presque désespérée. Nous nous en tirâmes par un bonheur inoui. Quelques troupes du duc de Trévise couvrirent notre mouvement contre le corps de Kleist ; une défense héroïque de mes troupes dans le village de Moutis, arrêta l'avant-garde ennemie ; la nuit arriva, et nous effectuâmes notre mouvement sans faire aucune perte. Comme nous ne pouvions plus reprendre la route de Meaux, nous suivîmes celle de Charenton, et le 29 au soir nous occupâmes Charenton, Saint-Mandé et Charonne.

Le duc de Trévise fut chargé de la défense de Paris depuis le canal jusqu'à la Seine, et moi, depuis le canal jusqu'à la Marne. Mes troupes étaient réduites à 2,400 hommes d'infanterie et 800 chevaux. C'était le peu d'hommes qui avait échappé à une multitude de glorieux combats. On mit sous mes ordres les troupes que commandait le général Compans : c'étaient des détachements de divers dépôts, de vétérans et de troupes de toute espèce qui avaient été réunis plutôt pour faire nombre que pour combattre ; ainsi toutes mes forces consistaient en 7,400 homme d'infanterie, de 70 bataillons différents, et environ 1,000 chevaux. Je me portai au jour sur les hauteurs de Belleville ; de là je me hâtai d'arriver à celles de Romainville qui étaient la clef de la position, et que le général Compans, en se retirant de Clayè, avait omis d'occuper ; mais l'ennemi y était déjà, et ce fut dans le bois de Romainville que l'affaire s'engagea. L'ennemi s'étendit par sa droite et par sa gauche. Il fut partout contenu et repoussé ; mais son nombre allait toujours croissant. Plusieurs mêlées d'infanterie avaient eu lieu, et plusieurs soldats avaient été tués à côté de moi à coups de bayonnettes, à l'entrée du village de

Belleville, lorsque Joseph m'envoya, par écrit, l'auto-
risation que j'ai entre les mains, de capituler. Il était
dix heures; à onze Joseph était déjà bien loin de Paris,
et à trois heures je combattais encore; mais à cette
heure, ayant depuis long-temps la totalité de mon monde
engagé, et voyant encore 20,000 hommes qui allaient
entrer de nouveau en ligne, j'envoyai divers officiers au
prince de Schwartzenberg pour lui faire connaître que
j'étais prêt à entrer en arrangement.

Un seul de mes officiers put parvenir, et certes je ne
l'avais pas envoyé trop tôt; car lorsqu'il revint, le général Compans ayant évacué les hauteurs de Pantin,
l'ennemi s'était porté dans la rue de Belleville, mon seul
point de retraite. Je l'en avais chassé, en chargeant moi-
même à la tête de quarante hommes sa tête de colonne,
et assurant ainsi le retour de mes troupes, mais je me
trouvais presque acculé aux murs de Paris. Les hostilités
furent suspendues, et les troupes rentrèrent dans les
barrières. L'arrangement écrit, qui a été publié dans le
temps, ne fut signé qu'à minuit.

Le lendemain matin les troupes évacuèrent Paris, et
je me portai à Essonne, où je pris position. J'allai voir
l'empereur Napoléon à Fontainebleau. Il me parut juger
enfin sa position, et disposé à terminer une lutte qu'il ne
pouvait plus soutenir. Il s'arrêta au projet de se retran-
cher, de réunir le peu de forces qui lui restait, de
chercher à les augmenter, et de négocier. C'était la
seule chose raisonnable qu'il eût à faire, et j'abondai
dans son sens. Je repartis aussitôt pour faire commencer
les travaux de défense que l'exécution de ce projet ren-

dait nécessaires. Ce même jour, 1ᵉʳ avril, il vint visiter la position, et là il apprit, par le retour des officiers que j'avais laissés pour la remise des barrières, la prodigieuse exaltation de Paris, la déclaration de l'empereur Alexandre, et la révolution qui s'opérait. En ce moment, la résolution de sacrifier à sa vengeance le reste de l'armée fut prise : il ne connut plus rien qu'une attaque désespérée, quoiqu'il n'y eût plus une seule chance de succès en sa faveur, avec les moyens qui lui restaient : c'étaient seulement de nouvelles victimes offertes à ses passions. Dès-lors tous les ordres, toutes les instructions, tous les discours, furent d'accord avec ce projet, dont l'exécution était fixée au 5 avril.

Les nouvelles de Paris se succédaient fréquemment : le décret sur la déchéance me parvint. La situation de Paris et celle de la France étaient déplorables, et l'avenir offrait les résultats les plus tristes, si la chute de l'empereur ne changeait pas ses destinées, en faisant sa paix morale avec toute l'Europe, et n'amortissait pas les haines qu'il avait fait naître.

Les Alliés, soutenus par l'insurrection de toutes les grandes villes du royaume, maîtres de la capitale, n'ayant plus en tête qu'une poignée de braves qui avaient survécu à tant de désastres, proclamaient partout que c'était à Napoléon seul qu'ils faisaient la guerre. Il fallait les mettre subitement à l'épreuve, les sommer de leur parole, et les forcer à renoncer à la vengeance dont ils voulaient rendre victime la France : il fallait que l'armée redevînt nationale, en adoptant les intérêts de la presque totalité des habitants qui se déclaraient contre l'Empe-

reur, et appelaient à grands cris une révolution salu-
taire qui occasionnerait leur délivrance. Tout bon Français, de quelque manière qu'il fût placé, ne devait-il
pas concourir à un changement qui sauvait la patrie
et la délivrait d'une croisade de l'Europe entière armée contre elle, de la partie de l'Europe même possé-
dée par la famille de Napoléon ? S'il eût été possible de
compter sur l'union de tous les chefs de l'armée ; s'il
n'eût pas été probable que les intérêts particuliers de
quelques-uns croiseraient les mesures les plus géné-
reuses et les plus patriotiques ; si le moment n'eût pas
été si pressant, puisque nous étions au 4 avril, et que
c'était le 5 que devait avoir lieu cette action désespérée, dont l'objet était la destruction du dernier soldat
et de la capitale, c'était au concert des chefs de l'armée qu'il fallait recourir ; mais, dans l'état actuel des
choses, il fallait se borner à assurer la libre sortie de
différents corps de l'armée, pour les détacher de l'Empereur et neutraliser ses projets, et les réunir aux
autres troupes françaises qui étaient éloignées de lui.
Tel fut donc l'objet des pourparlers qui eurent lieu avec
le prince de Schwartzenberg. En même temps que je
me disposais à informer mes camarades de la situation
des choses, et du parti que je croyais devoir prendre,
le duc de Tarente, le prince de la Moskowa, le duc de
Vicence et le duc de Trévise arrivèrent chez moi à
Essonne. Les trois premiers m'apprirent que l'Empereur venait d'être forcé à signer la promesse de son
abdication, et qu'ils allaient à ce titre négocier la sus-
pension des hostilités. Je leur fis connaitre les arrange-
ments pris avec le prince de Schwartzenberg, mais qui
n'étaient pas complets, puisque je n'avais pas encore

reçu la garantie écrite que j'avais demandée, et je leur déclarai alors que, puisqu'ils étaient d'accord pour un changement que le salut de l'État demandait, et qui était le seul objet de mes démarches, je ne me séparerais jamais d'eux.

Le duc de Vicence exprima le désir de me voir les accompagner à Paris, pensant que mon union avec eux, d'après ce qui venait de se passer, serait d'un grand poids; je me rendis à ses desirs, laissant le commandement de mon corps d'armée au plus ancien général de division, lui donnant l'ordre de ne faire aucun mouvement et lui annonçant mon prochain retour. J'expliquai les motifs de mon changement au prince de Schwartzenberg qui, plein de loyauté, les trouva légitimes et sans réplique, et je remplis la promesse que j'avais faite à mes camarades dans l'entretien que nous eûmes avec l'empereur Alexandre. A huit heures du matin un de mes aides-de-camp arriva et m'annonça que contre mes ordres formels, et malgré ses plus instantes représentations, les généraux avaient mis les troupes en mouvement pour Versailles à quatre heures du matin, effrayés qu'ils étaient des dangers personnels dont ils croyaient être menacés et dont ils avaient eu l'idée par l'arrivée et le départ de plusieurs officiers d'état-major venus de Fontainebleau. La démarche était faite et la chose irréparable.

Tel est le récit fidèle et vrai de cet événement qui a eu et aura une si grande influence sur toute ma vie.

L'Empereur en m'accusant a voulu sauver sa gloire,

l'opinion de ses talens et l'honneur des soldats. Pour l'honneur des soldats il n'en était pas, besoin ; il n'a jamais paru avec plus d'éclat que dans cette campagne ; mais pour ce qui le concerne, il ne trompera aucun homme sans passion, car il serait impossible de justifier cette série d'opérations qui ont marqué les dernières années de son règne.

Il m'accuse de trahison ! je demande où en est le prix ? j'ai rejetté avec mépris toute espèce d'avantages particuliers qui m'étaient offerts pour me placer volontairement dans la catégorie de toute l'armée. Avais-je des affections particulières pour la Maison de Bourbon ? d'où me seraient-elles venues, moi qui ne suis entré dans le monde que peu de temps avant le moment où elle a cessé de gouverner la France ? Quelle que fût l'opinion que j'eusse pû me faire de l'esprit supérieur du Roi, de sa bonté et de celle des Princes, elle était bien loin de la réalité ; ce charme que l'on trouve près d'eux m'était inconnu et n'avait pas fait naître les engagemens sacrés qui me lient à eux aujourd'hui et que les malheurs actuels si peu mérités, resserrent davantage encore ; engage-mens sacrés, car pour les gens de cœur, les égards et les témoignages d'estime valent mille fois mieux que les bienfaits et les dons.

Où donc est le principe de mes actions ? dans un ardent amour de la patrie qui a toute la vie maîtrisé mon cœur et absorbé toutes mes idées. J'ai voulu sauver la France de la destruction, j'ai voulu la préserver des combinaisons qui devaient entraîner sa ruine ; de ces combinaisons si funestes, fruit des plus étranges illusions de l'orgueil, et si souvent renouvelées en Espagne, en Russie et en Allemagne, et qui promettaient une épouvantable catastrophe qu'il fallait s'empresser de prévenir.

Une étrange et douloureuse fatalité a empêché de tirer du retour de la maison de Bourbon tous les avantages qu'il était permis d'en espérer pour la France; mais cependant on leur a dû la fin prompte d'une guerre funeste, la délivrance de la capitale et du royaume, une administration douce et paternelle, et un calme et une liberté qui nous étaient inconnus. Quelques jours encore, et cette liberté si chère, si nécessaire à tous les Français, était consolidée pour toujours.

Les étrangers étaient perdus sans ressource, dit-on, et c'est moi qu'on accuse de les avoir sauvés. Je suis leur libérateur, moi qui les ai toujours combattus avec autant d'énergie que de constance, dont le zèle ne s'est jamais ralenti un moment; moi qui, après avoir attaché mon nom aux succès les plus marquants de la campagne, avais déjà une fois préservé Paris par les combats de Meaux et de Lisy. Disons-le : celui qui a si fort aidé les étrangers dans leurs opérations, et rendu inutile le dévoûment de tant de bons soldats et d'officiers instruits, c'est celui qui, avec 300,000 hommes, a voulu garder et occuper l'Europe depuis la Vistule jusqu'à Cattaro et à l'Ebre, tandis que la France avait à peine, pour la défendre, 40,000 soldats réunis à la hâte ; et les libérateurs de la France, ce sont ceux qui, comme par enchantement, l'ont délivrée de la croisade dirigée contre elle, et assuré le retour de 250,000 hommes éparpillés dans toute l'Europe, et de 150,000 prisonniers qui font aujourd'hui sa force et sa puissance.

J'ai servi l'Empereur Napoléon avec zèle, constance et dévoûment pendant toute ma carrière, et je ne me suis éloigné de lui que pour sauver la France, et lorsqu'un pas de plus allait la précipiter dans l'abîme qu'il avait ouvert. Aucun sacrifice ne m'a coûté lorsqu'il a été question de la gloire ou du salut de mon pays, et cependant que de circonstances les ont rendus quelquefois pénibles et douloureux ! Qui jamais fit plus que moi abnégation de ses intérêts personnels et fut plus maîtrisé par l'intérêt général ? Qui jamais paya plus d'exemple dans les souffrances, dans les dangers, dans les privations ; qui montra dans toute sa vie plus de désintéressement que moi ? Ma vie est pure, elle est celle d'un bon citoyen ; et on voudrait l'entacher d'infamie ! Non , tant de faits honorables dans une si longue suite d'années démentent tellement cette accusation, que ceux dont l'opinion est de quelque prix refuseront toujours d'y croire.

Quelle que soit la destinée qui m'est réservée, que ma vie entière se passe dans la proscription ou qu'il me soit encore permis de servir la patrie, que j'y sois rappelé ou que je sois repoussé de son sein, mes vœux pour sa gloire et pour son bonheur ne varieront jamais ; car l'amour de la patrie a été et sera toujours la passion de mon cœur ; et le Roi a bien connu mes sentiments et rendu justice à la droiture de mes intentions, lorsqu'il a daigné ajouter à mes armes la devise *Patriæ totus et ubique,* qui fait en peu de mots l'histoire de toute ma vie.

Gand , le 1er avril 1815.

LE MARÉCHAL DUC DE RAGUSE.